AF370198

Faïences et Porcelaines

ANCIENNES

FAIENCES DE DELFT

GRAVURES ANCIENNES

Dessins de SEM

MEUBLES ET SIÈGES ANCIENS

Bronzes, Pendules Anciennes

TAPISSERIES ANCIENNES, ETC.

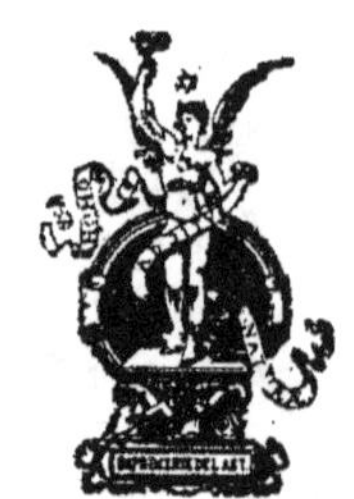
IMPRIMERIE DE L'ART

CATALOGUE

DES

Faïences & Porcelaines

ANCIENNES

FAIENCES DE DELFT

GRAVURES ANCIENNES

Dessins de SEM

MEUBLES ET SIÈGES ANCIENS

Bronzes, Pendules Anciennes

TAPISSERIES ANCIENNES. ETC.

DONT LA VENTE AURA LIEU A PARIS

HOTEL DROUOT, SALLE N° 11

LE JEUDI 26 JUIN 1913

à deux heures

<table>
<tr><td>COMMISSAIRE-PRISEUR</td><td>EXPERT</td></tr>
<tr><td>Me André DESVOUGES</td><td>M. Édouard PAPE</td></tr>
<tr><td>Successeur de M. Maurice DELESTRE</td><td>EXPERT PRÈS LE TRIBUNAL CIVIL DE LA SEINE</td></tr>
<tr><td>26, rue de la Grange-Batelière</td><td>175, rue du Faubourg-Saint-Honoré</td></tr>
</table>

EXPOSITION PUBLIQUE

Le Mercredi 25 Juin 1913, de 2 heures à 6 heures

CONDITIONS DE LA VENTE

Elle sera faite au comptant.

Les adjudicataires paieront *dix pour cent* en sus des enchères.

Paris. — Imp. de l'Art, Ch. Berger, 41, rue de la Victoire.

DÉSIGNATION

GRAVURES ANCIENNES

BAUDOIN (D'après)

1 — *Le Goûter.*
   Épreuve imprimée en couleurs, par BONNET.

BAUDOIN (D'après)

2 — *Le Catéchisme.*
   — *Le Confessionnal.*
   Par MOITTE.

BOUCHER (D'après)

3 — *Tête de Femme.*
   Épreuve imprimée en sanguine, par FRANÇOIS.

BOUCHER (D'après)

4 — *Femme nue.*
   Épreuve imprimée en sanguine, par BONNET.

BOUCHER (D'après)

5 — *Le Calendrier des Vieillards.*
   — *Le Magnifique.*
   Pièces gravées, par DE LARMESSIN, avec la 1re adresse.

BOUCHER (D'après)

6 — *Les Présents du Berger.*
  Par Lempereur.

CASANOVA (D'après)

7 — *Mort du Chevalier d'Assas.*
  Par Laurent.

FREDOU (D'après)

8 — *Tête de Jeune Garçon.*
  Épreuve imprimée en sanguine, par François.

FREUDEBERG (D'après)

9 — *La Matinée.*
  Réduction de l'*Heureuse Union*, par Bosse.

GREUZE (D'après)

10 — *Expression of Kindness.*
  Réduction de l'*Oiseau mort.*
  Épreuve en couleurs.

HUET (D'après)

11 — *L'Amant pressant.*
  Épreuve imprimée en couleurs, par Augustin Legrand.

LECLERC

12 — *Le Faiseur d'oreilles.*
  — *Le Rossignol.*
  Deux pendants, gravés par de Larmessin.

LAVREINCE (D'après)

13 — *Qu'en dit l'abbé ?*

>   Épreuve gravée par N. DE LAUNAY, avant la dédicace.
>   3ᵉ état. Quelques restaurations.

LEVILLY (D'après)

14 — *Une Pucelle.*

>   Gravée en bistre.

LE PRINCE (D'après)

15 — *La Précaution inutile.*

>   Épreuve gravée par HEILMAN, avant la dédicace.

PARROCEL (D'après)

16 — *Départ pour la chasse à l'italienne.*

>   Par LEBAS.

VAN LOO (D'après)

17 — *La Peinture.*

>   Par FESSARD.

WATTEAU (D'après)

18 — *Louis XIV, mettant le cordon bleu à Monsieur de Bourgogne.*

>   Par DE LARMESSIN.

19 — *Dix-huit vues de Paris, du XVIIIᵉ siècle.*

>   Petites pièces rondes imprimées en couleurs, par
>   JANINET et LE CAMPION.

WATTEAU (D'après)

20 — *Portraits de Louis XVI et de Marie-Antoinette, dn Dauphin et de sa sœur Marie-Thérèse-Charlotte.*

Deux petites pièces rondes imprimées en couleurs au pointillé.

GREUZE (D'après)

21 — *Têtes de Femmes.*

Épreuves imprimées en sanguine, par Mme LINGÉE.

WATTEAU (D'après)

22 — *La Coquette.*

Par BOUCHER.

WATTEAU

23 — *La Marmotte.*

Par AUDRAN.

DESSINS, TABLEAUX, ETC.

ANCIENS ET MODERNES

ÉCOLE FRANÇAISE du XVIIIe siècle (Attribué à l')

24 — *Portraits d'Homme et de Femme.*
> Pastels. Deux pendants, dans des cadres anciens.

ÉCOLE FRANÇAISE du XVIIIe siècle (Attribué à l')

25 — *Portrait de Femme.*
> Toile.

ÉCOLE HOLLANDAISE (Attribué à l')

26 — *Six portraits de Seigneurs et Dames de qualité.*

SEM

27 — *L'Autobus des théâtres.*
> A été gravé.

SEM

28 — *Boldini devant un de ses portraits.*
> A figuré à l'*Exposition de la Comédie Humaine*, à la Galerie Georges Petit.

SEM

29 — *Portraits de MM. Claretie, Guitry, Coquelin cadet, Mounet-Sully, Prudhon.*

SEM

30 — *MM. Edwards et Francis de Croisset se battant en duel.*

> A figuré à l'*Exposition de la Comédie Humaine*, à la Galerie Georges Petit.

SEM

31 — *Déchantecler.*

SEM

32 — *La Loge sensationnelle.*

> A figuré à l'*Exposition de la Comédie Humaine*, à la Galerie Georges Petit.

SEM

33 — *Le Foyer de la Danse à l'Opéra-Populaire.*

SEM

34 — *Pelletan dans sa baignoire à l'Opéra-Populaire.*

SEM

35 — *Briand sortant de l'Opéra-Populaire.*

SEM

36 — *Les Abonnés de l'Opéra-Populaire.*

SEM

37 — *Le Foyer du public.*

RENOUARD (Paul)

38 — Dessin pour le journal *Le Masque.*

RENOUARD (Paul)

29 — *La Petite Danseuse.*

STEINLEN

40 — *Aux Mirlitons, cabaret montmartrois.*

STEINLEN

41 — *Mon Gigolo.*

VIERGE (Daniel)

42 — *Cavaliers chassant des paysans.*

FAIENCES ANCIENNES

43 — **Allemagne**. Vase à piédouche, décoré de fleurs, lambrequins et scènes chinoises en camaïeu bleu.

44 — **Delft**. Chandelier, de forme Louis XIII, décoré en camaïeu bleu d'attributs chinois, d'insectes et de motifs divers.

45 — **Delft**. Grande bouteille, à panse côtelée, décorée en camaïeu bleu de fleurs, lambrequins, branchages et réserves à oiseaux.

46 — **Delft**. Beurrier et son plateau, à décor d'entrelacs bleus.

47 — **Delft**. Huilier et ses burettes, décor camaïeu bleu.

48 — **Delft**. Veilleuse, décor camaïeu bleu.

49 — **Delft**. Paire de vases, décorés en camaïeu bleu de branchages et chrysanthèmes, à l'imitation de la porcelaine de Chine.

50 — **Delft**. Petite verseuse, décor polychrome de fleurettes à rehauts d'or.

51 — **Delft**. Beurrier, dont le bouton a la forme d'un escargot. Il est décoré d'oiseaux, de fleurs et de branchages en rouge, vert et or.

52 — **Delft**. Paire de potiches couvertes, décorées en bleu, rouge et or, de branchages fleuris.

53 — **Delft**. Pot cylindrique, en forme de pot de toilette, décoré de branchages fleuris, de chrysanthèmes et de cartouches en bleu, rouge, vert et or. Couvercle de métal.

54 — **Delft**. Beurrier, en forme de grappe de raisin, et son plateau figurant une feuille. Décor polychrome.

55 — **Delft**. Beurrier et son plateau, décor polychrome. Le couvercle affecte la forme d'un amas de mûres.

56 — **Delft**. Petite plaque, ornée d'un vase fleuri polychrome.

57 — **Delft**. Plaque, à bords contournés ornés de coquilles, décor polychrome de Chinois offrant du 'in à un autre Chinois.

58 — **Delft**. Potiche à panse ovoïde, décorée de scènes chinoises polychromes.

59 — **Delft**. Deux plats à double bordure jaune et décor de fleurs polychromes.

60 — **Delft**. Assiette, décorée en bleu, vert, rouge et or, de Chinois, pagodes, oiseaux et vase fleuri. Fabrication de *Adrian Pynacker*.

61 — **Delft**. Assiette analogue.

62 — **Delft**. Plat, à bords légèrement contournés, offrant le même décor.

63 — **Est.** Trois jardinières, en forme de commodes demi-lunes, à décor d'oiseaux et d'insectes polychromes.

64 — **Midi** (?) Surtout, à bords contournés ornés de guirlandes de fleurs polychromes. Il est décoré de villageois et villageoises au bord d'un ruisseau.

65 — **Moustiers**. Cache-pot, décoré en camaïeu manganèse de grotesques, monstres et guerriers.

66 — **Niederwiller**. Jardinière, décor de bouquets de fleurs polychromes.

PORCELAINES ANCIENNES

67 — **Allemagne**. Boîte à thé, décor de fleurs polychromes.

68 — **Bruxelles** (?) Théière, décorée de paysages polychromes. Marquée *L C* (*Louis Cretté*).

69 — **Japon**. Trois potiches couvertes et quatre assiettes polychromes.

70 — **Japon**. Vingt-huit assiettes, décor polychrome.

71 — **Locré**. Vingt-quatre assiettes, décor à la brindille, à l'imitation de Chantilly.

72 — **Louisbourg**. Petite cafetière, décorée d'une scène galante polychrome.

73 — **Paris.** Cabaret, composé de six tasses et leurs
soucoupes, d'une théière, d'un sucrier et d'une
verseuse, décor de bouquets de fleurs polychromes.

74 — **Saxe.** Statuette de vendangeur, décor polychrome.

75 — **Saxe.** Petit flacon, orné d'un enfant condui-
sant une chèvre par les cornes. Porcelaine mo-
derne.

76 — **Sèvres.** Tasse et soucoupe, à dentelles d'or.

77 — **Tournai.** Bol, décoré de guirlandes en camaïeu
bleu.

OBJETS VARIÉS

78 — Boîte ronde en ivoire ajouré. Travail de Dieppe,
xviiie siècle.

79 — Quatre boîtes en ivoire, peint et gravé, présentant à l'intérieur une armoirie double, avec
au-dessous l'inscription : *Mariaval le Jeune, à
Rouen fecit,* et, à l'extérieur, les Fables de La
Fontaine. Ces boîtes contiennent leurs jetons.

80 — Montre, à sujets sur fond bleu, et châtelaine.
Époque Directoire.

81 — Éventail, présentant au centre des bergers
dialoguant près d'une rivière. Époque Louis XV.

BRONZES, PENDULES

82 — Paire de candélabres, formés de deux enfants
en bronze patiné, soutenant chacun une corne
d'abondance en bronze ciselé et doré. Style
Louis XVI.

83 — Pendule, présentant un éléphant en bronze
patiné, supportant un cadran couronné par un
groupe formé d'un héron et d'un chien. Base. de
forme mouvementée, en bronze ciselé et doré.
Époque Louis XV.

84 — Pendule, forme lyre, en bronze ciselé et doré,
ornée d'un vase d'amortissement et de guirlandes de fleurs. Base en marbre blanc, avec
rinceaux, perles et motifs également en bronze
ciselé et doré. Signée : *Robinet, à Paris*. Époque
Louis XVI.

85 — Pendule d'applique, décorée au vernis Martin
de bouquets de fleurs, ornée de bronzes ciselés
et dorés. Époque Louis XV.

MEUBLES ANCIENS ET MODERNES

SIÈGES, ETC.

86 — Glace, dans un cadre en bois sculpté et doré,
d'époque Louis XIV.

87 — Fauteuil en bois sculpté et canné. Époque
Régence.

88 — Table trictrac en acajou, avec ses pions, bois
et ivoire. Époque Louis XVI.

89 — Table-bureau en bois de rose. En partie
d'époque Louis XV.

90 — Petite table à ouvrage, à deux tiroirs. En
partie d'époque Louis XV.

91 — Table rectangulaire, à pieds carrés, signée :
J. Petit. Époque Louis XVI.

ÉTOFFES, TAPIS

TAPISSERIES

92 — Deux coupes en dentelles d'argent.

93 — Tapis de table en soie fond bleu pâle, semé de bouquets de fleurs et lamé d'argent. Il est bordé d'une dentelle de métal.

94 — Trois coussins en velours.

95 — Portière, tapisserie-verdure : oiseaux et feuillages.

96 — Tapisserie présentant des personnages sur fond de campagne lointaine. Riches bordures de vases de fleurs, fruits et cartouches. Époque Renaissance. Flandres.

97 — Objets omis.

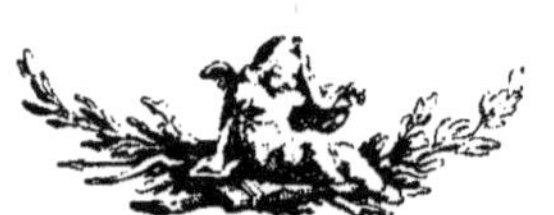